PEQUEÑOS DEPORTISTAS
SPORTS FOR SPROUTS

PORRISTAS
CHEERLEADING

Holly Karapetkova

ROURKE PUBLISHING

Vero Beach, Florida 32964

www.rourkepublishing.com

Photo credits: All photography by Renee Brady for Blue Door Publishing, except Cover © Wendy Nero; Title Page © Wendy Nero, Crystal Kirk, Leah-Anne Thompson, vnosokin, Gerville Hall, Rob Marmion; Page 12 © Robert J. Daveant; Page 14 © Tony Wear; Sidebar Silhouettes © Sarah Nicholl

Editor: Meg Greve

Cover and page design by Nicola Stratford, Blue Door Publishing
Bilingual editorial services by Cambridge BrickHouse, Inc.   www.cambridgebh.com

Acknowledgements: Thank you to *Funtastic Cheerleading* and the Gemini Cheerleaders for their assistance on this project

Library of Congress Cataloging-in-Publication Data

Karapetkova, Holly.
  Cheerleading / Holly Karapetkova.
    p. cm. -- (Sports for sprouts)
  ISBN 978-1-60694-322-9 (hard cover)
  ISBN 978-1-60694-822-4 (soft cover)
  ISBN 978-1-60694-563-6 (bilingual)
  1. Cheerleading--Juvenile literature. I. Title.
  LB3635.K37 2009
  791.6'4--dc22
                                    2009002254

Printed in the USA

CG/CG

2

Rourke Publishing

www.rourkepublishing.com - rourke@rourkepublishing.com
Post Office Box 643328 Vero Beach, Florida 32964

Soy una porrista.

I am a cheerleader.

3

Soy porrista de un equipo de fútbol americano. Soy parte del **equipo** de porristas.

I cheer for a football team. I am on a **squad**.

5

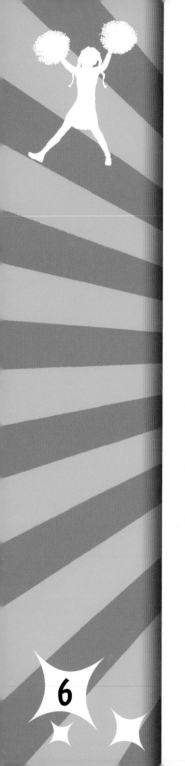

Llevamos uniformes con el nombre y los colores de nuestro equipo.

We wear uniforms with our team's name and colors.

6

Podemos dar volteretas laterales y saltos.

We can do cartwheels and jumps.

15

Aprendemos **coreografías**. Nos movemos juntas y mantenemos la fila.

We learn **routines**. We move together and stay in line.

Hacemos porras.

We do cheers.

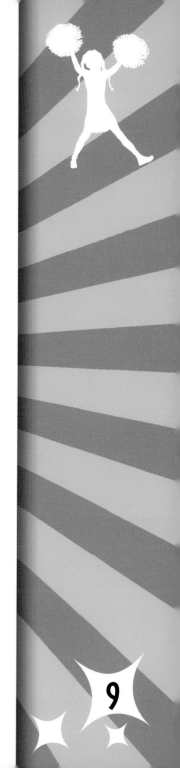

9

Aplaudimos.

We clap our hands.

A veces usamos pompones.

Sometimes we use pom-poms.

Sonreímos siempre, inclusive cuando nos equivocamos.

We always smile, even when we make mistakes.

Glosario / Glossary

coreografías: Las coreografías son una larga serie de porras, movimientos, danzas, maromas y acrobacias. A veces las coreografías se hacen al tiempo de la música.

routines (roo-TEENZ): Routines are long series of cheers, movements, dances, tumbles, and stunts. Sometimes cheerleaders perform routines to music.

cubetas: A veces las porristas toman una postura llamada cubeta. Extienden sus brazos hacia adelante o hacia los lados con los puños hacia abajo, como si sostuvieran cubetas.

buckets (BUH-kits): Sometimes cheerleaders hold their arms in buckets. They put their arms straight in front or to the sides and turn their fists down like they are holding buckets.

equipo: Un equipo es un grupo de porristas. Un equipo trabaja junto en hacer porras para un equipo deportivo.

squad (SKWAHD): A squad is a group of cheerleaders. A squad works together to cheer for a sports team.

porras: Las porras son más largas que los cantos. Incluyen movimientos, palabras, maromas y acrobacias.
cheers (CHI-RZ): Cheers are longer than chants and have movements, words, tumbles, and stunts.

veladoras: Las porristas toman una postura llamada veladora. Extienden sus brazos hacia adelante y mantienen sus puños en el aire, como si sostuvieran veladoras.
candlesticks (KAN-duhl-stiks): Cheerleaders hold their arms in candlesticks. They put their arms out straight in front with their fists turned sideways, like they are holding candlesticks.

volteretas laterales: Las porristas hacen volteretas para animar al público. Las hacen extendiendo los brazos sobre la cabeza y poniendo las manos en el suelo. Al mismo tiempo, las piernas se pasan, una tras la otra, de un lado del cuerpo al otro.
cartwheels (KART-weels): Cheerleaders do cartwheels to excite the crowd. It is done by raising your arms straight over your head and then putting your hands on the ground. At the same time, swing both legs over one after the other.

23

Índice / Index

Visita estas páginas en Internet / Websites to Visit

www.unitedcheer.com

uca.varsity.com

www.cheerwiz.com

Sobre la autora / About the Author

A Holly Karapetkova, Ph.D., le encanta escribir libros y poemas para niños y adultos. Ella da clases en la Universidad de Marymount y vive en la zona de Washington, D.C., con su hijo K.J. y sus dos perros, Muffy y Attila.

Holly Karapetkova, Ph.D., loves writing books and poems for kids and adults. She teaches at Marymount University and lives in the Washington, D.C., area with her husband, her son K.J., and her two dogs, Muffy and Attila.